Happy Within
Felice dentro

By Marisa J. Taylor

Illustrated by Vanessa Balleza

BILINGUAL
English - Italian

I love the color of my skin. I am unique and beautiful within.

Adoro il colore della mia pelle. Sono unica e bellissima dentro.

I take pride in who I am and what I can do.

Sono orgogliosa di ciò che sono e di quello che posso fare.

Being me makes me happy from within.

Essere me stessa mi rende felice dentro.

I love to sing, dance and play with my friends,
but that is just me, that makes me happy.

Adoro cantare, ballare e suonare con i miei amici, ma
è essere me stessa, che mi rende davvero felice.

What about you? What makes you happy?

E tu? Cosa ti rende felice?

Some of my friends love to play with toys and make a lot of noise. That is okay too, because to them it brings joy.

Ad alcuni dei miei amici piace giocare e fare molto rumore. Va bene, perché per loro è divertente.

Some of my friends love to sing, dance and chat away. That's okay, because everyone is different and special in their own way.

Ad alcuni dei miei amici piace cantare, ballare e chiacchierare. Va bene anche questo, perché ognuno è diverso e speciale a modo suo.

I do my best to be the best version of me.

Faccio del mio meglio per essere la migliore versione di me stessa.

I do not compare myself to the other children I see. I am proud of who I am and free to be me.

Non mi paragono agli altri bambini che vedo. Sono orgogliosa di ciò che sono e mi sento libera di essere me stessa.

Some children will say things and make you feel sad.

Alcuni bambini diranno cose che ti feriranno.

Don't pay attention to their words and continue to be glad.

Non preoccuparti delle loro parole e continua a sentirti felice.

Let´s support one another to be the best we can be.

Sosteniamoci l'un l'altro per essere la migliore versione di noi stessi.

Everyone is unique in their own special way.

Ognuno è unico e speciale a modo suo.

Be happy with who you are and what you see.

Sii felice di ciò che sei e della persona che vedi allo specchio.

It doesn't matter where in the world you are from, nor the color of your skin. BE YOU and do what makes you happy from within.

Non importa da dove vieni, né il colore della tua pelle.
Sii te stesso e fai ciò che ti rende felice dentro.

The moment you feel the butterflies inside
and have a smile on your face,
do more of that to make you grin.

Quando senti le farfalle nello stomaco e ti viene da sorridere, concentrati sulle cose che stai facendo e cerca di farle più spesso.

One thing to remember in order to be happy from within...

Una cosa da ricordare per essere felici dentro...

Look at yourself in the mirror and say out loud "I am the best version of me and happy within my skin."

Guardati allo specchio e ripeti ad alta voce "Sono la migliore versione di me e adoro il colore della mia pelle."

If you believe in and love yourself, you can achieve anything and win.

Se crederai in te stesso e ti vorrai bene, potrai raggiungere qualsiasi obiettivo e vincere.

Being me makes me
Essere me stessa mi rende...

....

What about you?
What makes you happy?

E tu? Cosa ti rende felice?

Happy Within
Felice dentro
Copyright © Lingo Babies, 2020

Written by Marisa J. Taylor Illustrations: Vanessa Balleza

ISBN: 978-1-9163956-5-7 (paperback)
ISBN: 978-1-9-14605-41-3 (hardcover)

Graphic Design: Clementina Cortés
Italian Translation: Chiara Camellini

All rights reserved. No part of this book may be reproduced or used in any matter without written permission of the copyright owner.

www.ingramcontent.com/pod-product-compliance
Lightning Source LLC
Chambersburg PA
CBHW041217240426
43661CB00012B/1067